ESTAÇÃO PARAÍSO

Alipio Freire

ESTAÇÃO PARAÍSO

2ª edição
EXPRESÃO POPULAR / FUNDAÇÃO PERSEU ABRAMO
São Paulo - 2023

em memória de Lola

Para Paulo e Camila, os filhos
que já haviam chegado

Para Maiana, a filha
que chegou em seguida

Para Flora, Tahir, Samay e Bento, os netos
que vão chegando

E ainda, para
Rodrigo, Marina e Flávia ⊡ Diego e Raul ⊡ Bruno e Fernando ⊡
Poró e Gali ⊡ Julieta ⊡ José Vicente ⊡ Mariana ⊡ Thiago e
Aninha ⊡ Anita e Leo ⊡ Carol e Domitila ⊡ Fabiano e Hipo ⊡
Bia e Thiago ⊡ Mariana e Larissa ⊡ Juliana e Renato ⊡ Maria e
André ⊡ Vladimir e Rafa ⊡ Isadora e Ulisses ⊡ Bruno e Akira ⊡
Akira ⊡ Pedro ⊡ Gui, Biano e Bebel ⊡ Luciano e Heleninha ⊡
Mariana e Jonas ⊡ Estrela e Luana ⊡ Henrique ⊡ Zeco,
os filhos da tribo.

Copyright @ 2007, by Editora Expressão Popular

FUNDAÇÃO PERSEU ABRAMO
Instituída pelo Diretório Nacional do Partido dos Trabalhadores em maio de 1996

Presidente: Paulo Okamotto
Vice-presidenta: Vívian Farias
Diretoria: Elen Coutinho, Alberto Cantalice, Artur Henrique, Carlos Henrique Árabe, Jorge Bittar, Valter Pomar, Naiara Raiol e Virgílio Guimarães

Conselho editorial: Albino Rubim, Alice Ruiz, André Singer, Clarisse Paradis, Conceição Evaristo, Dainis Karepovs, Emir Sader, Hamilton Pereira, Laís Abramo, Luiz Dulci, Macaé Evaristo, Marcio Meira, Maria Rita Kehl, Marisa Midori, Rita Sipahi, Silvio Almeida, Tassia Rabelo, Valter Silvério

Coordenador editorial: Rogério Chaves
Assistente editorial: Raquel Costa

Projeto gráfico, diagramação e capa: Silvana Panzoldo / Alípio Freire
Ilustração: Alípio Freire
Impressão e acabamento: Cromosete

Dados Internacionais de Catalogação-na-Publicação (CIP)

F866e	Freire, Alípio
	    Estação paraíso / Alípio Freire. -- 2.ed. – São Paulo :
	Expressão Popular : Fundação Perseu Abramo, 2023.
	    168 p. : il.
	
	    ISBN 978-65-5891-094-7 (Expressão Popular)
	    ISBN 978-65-5626-112-6 (Fundação Perseu Abramo)
	
	    1. Literatura brasileira – Poesia. 2. Poesia brasileira.
	I. Título.
	
	                                    CDU 869.0(81)-1
	                                    CDD B869.1

Elaborada pela bibliotecária: Eliane M. S. Jovanovich - CRB 9/1250

Todos os direitos reservados.
Nenhuma parte desse livro pode ser utilizada ou reproduzida sem a autorização da editora.

2ª edição: abril de 2023

EDITORA EXPRESSÃO POPULAR
Alameda Nothmann, 806
Sala 06 e 08, térreo, complemento 816
01216-001 – Campos Elíseos – SP
livraria@expressaopopular.com.br
www.expressaopopular.com.br
🅵 ed.expressaopopular
🅾 editoraexpressaopopular

FUNDAÇÃO PERSEU ABRAMO
Rua Francisco Cruz, 234 – Vila Mariana
04117-091 São Paulo – SP
Telefone: (11) 5571-4299
editora@fpabramo.org.br
www.fpabramo.org.br

SUMÁRIO

Alguma notícia	11
Uma reflexão poética	21
Contas sobre a mesa	23

ESTAÇÃO PARAÍSO

Pour Marx	33
Ezra Campos	34
Juventude	39
Cromo e nota de pé de página	41
Vila da Barca	49
1972 - Fragmento	53
Prenúncios de Aurora	73
Marabá	89
Universidade em crise	97
Stardust	101
Maiakovski revisitado	111
Em cada mão	113
31 de março de 1992	117

Notícias sobre Aurora	126

ALGUMA NOTÍCIA

Alipio Freire

SITUANDO NO TEMPO

Este conjunto de poemas, que reuni sob o título *Estação Paraíso*, foi escrito entre 1991 e 1992. Portanto, dois e três anos após a Queda do Muro, num Brasil pós-ditadura que acabara de ter sua primeira eleição direta para a Presidência da República e que já vivia os tumultuados dias do *impeachment*.

Boa parte dos textos foi escrita (ou pelo menos anotada) em agosto de 1992, enquanto Rita e eu viajávamos durante quinze dias pela região Norte do Estado de São Paulo e Sul de Minas Gerais.

DIÁLOGO COM OS POETAS

Na verdade, os poemas que compõem este livro fazem parte de um exercício mais amplo que iniciei nos anos 90, e que trato sob o título geral de "Diálogo com os poetas". Interrompido o diálogo por motivos de tempo, ainda pretendo um dia retomar: um estudo da poesia brasileira e da história da nossa literatura, tradição da qual somos tributários (para o bem ou para o mal – queiramos ou não) e que precisamos conhecer o melhor possível para avançarmos em qualquer rumo – mesmo que pretendamos rupturas. Por isto, podemos identificar, ao longo destes poemas, paráfrases, citações, adaptações e outros modos de conversar com os que vieram antes. Entre eles, Carlos Drummond de Andrade, Casemiro de Abreu, Gonçalves Dias, Manuel Bandeira, Olavo Bilac e outros.

Outras referências também serão encontradas, num espectro que varia desde Galileu até canções brasileiras de domínio público, ou mesmo música popular italiana. Aliás, importante registrar, o estudo centrado na expressão literária brasileira não deve ser confundido com qualquer perspectiva nacionalista e, menos ainda, com qualquer vocação para a xenofobia. Para o meu trabalho, resistência cultural é, antes de tudo, resistência de classe - obviamente sem esquecer as infinitas mediações e variáveis.

Uma primeira edição – artesanal

Há exatos quinze anos, no final de 1992, fiz uma edição artesanal do *Estação Paraíso*. Foram cerca de trinta ou quarenta exemplares que distribuí entre os amigos mais próximos. Tratou-se de um livro no formato 21,5 x 21,5 cm, xerocado em papel vergê, encadernado em espiral, e com as características básicas da presente edição. A edição já incluía a presente ilustração, que desenhei especificamente para este fim, e que faz parte de uma série intitulada *Ideogramas*.

O original da ilustração foi exposto junto com a série *Ideogramas*, em mostra organizada pela Nana (Ana Angélica Albano) na Escola Municipal de Iniciação Artística – Emia, de Santo André (1992), sob sua coordenação naquele momento. Além de doutora e professora universitária (Unicamp), Nana acabou por se tornar uma grande amiga e nossa afilhada de casamento – o que prezo e considero bem mais poético que todos os seus títulos e indiscutível competência.

Hoje, o original do desenho (nanquim sobre *canson*) pertence ao Poró (José Gabriel Lindoso), um dos "filhos da tribo" aos quais dedico este trabalho, desde aquela primeira edição de 92. Foi o presente que lhe dei quando completou trinta anos – o primeiro dos "filhos da tribo" a alcançar tal provecta idade. Portanto, era seu de direito. Ou seja, fazia jus. Poró é o autor da minha foto que está na orelha deste livro – também *de jus*, não poderia ser diferente.

A digitação, diagramação e tratamento eletrônico da primeira edição ficaram a cargo de Fred Utsunomiya, então um jovem estagiário no Departamento de Comunicação da Prefeitura Municipal de Santo André (DC-PMSA), onde eu não trabalhava. Não sei onde anda o Fred, mas agradeço o empenho e o cuidado com que tratou o trabalho.

Naquela edição, o livro estava acondicionado em uma caixa de papelão forrada de tecido, projetada e construída especialmente para este fim. As caixas foram produzidas por Isabel, irmã de uma companheira de trabalho, Solange do Espírito Santo, que dirigia o DM-PMSA. A estampa do tecido da caixa dialogava com a ilustração.

Textos, imagens e caixa: um só objeto.

Da "natureza" das coisas

É da "natureza" deste livro ser um objeto.

Um objeto poético.

Transformá-lo em mercadoria é uma contingência fugaz do nosso tempo, como fugaz é o capitalismo – breve (ainda que atroz) interregno e tropeço na história da humanidade.

É da "natureza" do capitalismo não ser poético. Pelo menos desde que se tornou um freio para a conquista da igualdade entre os homens, e do ângulo de onde me ponho para observá-lo.

Não percebo e desconheço qualquer poesia no lucro ou na exploração do homem pelo homem – do que certamente discordam as classes perigosas, o "burguês níquel" e seus acólitos.

Por tudo isso, escolhi para esta publicação a Editora Expressão Popular, a cujo Conselho Editorial pertenço desde sua fundação.

A Expressão Popular, esforço de um conjunto de movimentos e organizações da classe trabalhadora e do povo, visando a publicação de livros de boa qualidade e baratos, a democratização da leitura e a garantia de acesso aos chamados bens culturais.

Dela, 100% dos direitos autorais e de tudo que render este trabalho, enquanto persistir com seus atuais objetivos.

Da crítica e da sua importância.

Entre os que presenteei em dezembro de 1992 com o livro, Jorge de Almeida – também sobrinho. Naquela época filósofo, lecionava nessa área e se preparava para os cursos que posteriormente concluiu. Jorge, estudioso, aplicado, bem-humorado. Tinha por volta de 25 anos, interessava-se por literatura. Interesse militante de estudioso. Depois de ler o *Estação Paraíso*, tivemos nossas primeiras conversas de adulto para adulto. Exigente, ele se surpreendera com o livro – talvez pela descoberta de um outro tio, até então apenas militante da política. Exigente, eu me surpreendi com sua crítica – talvez pela descoberta de que o menino que brincava entre os viveiros do Butantã tornara-se adulto e sólido. Conversa de quase dia inteiro – sobre o livro e sobre o *métier*. A primeira crítica sistemática ao trabalho. Estímulo e desafio. Importantes sugestões do jovem. Incorporadas várias das observações, resultado: maior qualidade para este trabalho. Outras continuam na memória, parâmetros para o futuro, para o que veio e vier depois. Aprendizado. Assim, o convite para que apresentasse esta edição. Também *de jus*. Jorge, hoje, no Departamento de Literatura da USP.

Anos depois, Luiz Alberto Sanz. Até recente, apenas vagas referências e uma memória difusa de sua passagem por poucos dias pelo Presídio Tiradentes, no início dos anos 1970, onde eu já me encontrava. Luiz Alberto, da Vanguarda Popular Revolucionária – VPR, e eu, da Ala Vermelha – AV. Poesias de um tempo – pois sem poesia não existem revoluções, mudanças estruturais ou construção do socialismo. Sem poesia (mesmo que não se traduza em poemas) apenas procederemos reformas higiênicas. Importantes, necessárias e indispensáveis – mas não suficientes. Sem poesia e sem dúvidas, estaremos sempre condenados à mesmice, à repetição de velhas fórmulas, ao insucesso. Do Tiradentes, Luiz Alberto logo foi transferido para presídios no Rio de Janeiro. Não lembro sequer se chegamos a trocar cumprimentos. Permaneci em São Paulo. Há um par de anos, a retomada de contato no éter virtual pela lista "osamigosde68". A responsável pelo reencontro, a irrequieta Eli – Eliete Centroin, que conheci na despedida do amigo Apolônio de Carvalho, no início da primavera de 2005, no Rio. Eli que me convidou e convenceu a participar da lista. Na lista, entre outros, Luiz Alberto e sua insistência semanal em fazer circular um poema, com dados sobre o autor e pequenos comentários críticos da obra. Estabelecemos uma ponte de diálogo, forte amizade e breves discussões sobre literatura e, vez por outra, outros temas. Identidades de quem busca um mundo igualitário e procura construí-lo. Enviei-lhe textos. Conversamos a respeito. Conversas virtuais e escritas, ele no Rio, e eu em São Paulo: jamais nos encontramos. Luiz Alberto e seu olhar poético e militante sobre o mundo, as gentes, as coisas, os bichos. Luiz Alberto e seu olhar poético, militante e exigente sobre as palavras. Afinidades. Luiz Alberto colocando à disposição dos amigos internautas alguns dos meus textos. Grande estímulo para que me decidisse a publicar esta edição. Também *de jus*, seu texto para este trabalho.

Miguel Yoshida pertence à geração dos que vieram depois. É o mais jovem e recente amigo dos que aqui escrevem: 24 anos, acabou há ano e meio seu curso de Letras na USP e prepara-se para o mestrado. Conhecemo-nos há uns dois anos na Expressão Popular, onde cuida da parte editorial ao lado de Carlos Bellé e de Geraldo Martins. Discreto, crítico arguto e sempre bem-humorado. Dedicado, minucioso, exigente. Preciso. Desde que passamos a trabalhar juntos, conversas infindáveis sobre os mais diversos assuntos. Seu contato com os meus textos que compõem este livro, no entanto, é muito recente: fim de outubro passado, quando decidimos publicá-los. Antes disto, leitura apenas do que produzo na área da crítica e análise de temas políticos, ou alguma prosa. Ao lado de Jorge e de Luiz Alberto, traz um terceiro olhar sobre este trabalho. Indispensável.

Um outro viés da crítica

Silvana de Barros Panzoldo cuida de toda a parte da edição gráfica, edição de arte deste livro. Exigência minha. Conheço outros excelentes profissionais nesta área, muitos dos quais grandes amigos. Mas há sempre um (no caso, uma) com quem melhor convergimos: no repertório, no olhar, na percepção do todo e de cada uma de suas partes, na concepção. Cuidadosa, exigente. Na minúcia, no ínfimo detalhe. Na recriação do que nos é dado trabalhar, na sua tradução e potencialização. Sobretudo, no diálogo criativo: quando desenvolvemos um projeto, Silvana e eu ao final nunca sabemos onde começa o trabalho de um, onde se desdobra o do outro.

Conhecemo-nos em 1992, apresentados por outro grande editor de arte, Joca Pereira, com quem trabalhei muitos anos, a partir da segunda metade da difícil década de 1970. Desde que começamos a trabalhar juntos, Silvana e eu temos criado e realizado vários projetos, numa colaboração impecável. A edição de arte é antes de tudo um trabalho crítico, de análise do material que se nos apresenta. É daí que surge o projeto que, somente depois, pode ser síntese – tornar-se concreto. Uma ideia, um texto, um título ou uma imagem colocados inadequadamente sobre uma página são sempre um desastre. Um tipo ou gramatura de papel inadequados pode jogar por terra qualquer impresso. Uma página seguinte que não se articule visualmente com a anterior quebra ritmos, faz uma publicação gaguejar, retira muito do prazer da leitura, quando não nos faz abandoná-la pela metade. Um projeto gráfico que não dialogue adequadamente com seus textos e imagens é um discurso destinado ao fracasso ou, pelo menos, a não realizar todo o seu potencial. A boa edição gráfica realça e acrescenta sentidos, muitas vezes impalpáveis, aos textos e às imagens. O trabalho de Silvana é ciência, arte e artesanato. Domínio das técnicas, das concepções, do fazer. Domínio do *métier*. Trabalhos, saberes, sutilezas e esforços que muitas vezes passam desapercebidos aos leitores ou mesmo aos autores.

POR QUE ESTA EDIÇÃO.
PARA QUEM ESTA EDIÇÃO.

Desde aquela primeira e pequena tiragem artesanal de 1992, vários amigos que a receberam, e outros que posteriormente tiveram acesso aos textos, me sugeriram que os publicasse. Alguns até me cobraram que o fizesse. Gostaram. Mas meus amigos costumam ser generosos. O tempo foi passando. Agora (2007), porém, uma razão maior se apresentou.

Neste ano, completaram-se 35 anos do assassinato de Lola, uma das mais encantadoras e delicadas mulheres que se puseram em armas contra o regime instalado com o golpe de 1964 e que combateram lado a lado conosco, tendo em mira a construção de uma sociedade igualitária, justa e livre. Uma sociedade socialista.

Lola, uma das mais encantadoras e delicadas militantes, assassinada de uma das formas mais cruéis e brutais.

Lola – e é preciso que se esclareça desde já: *Lóla* e não *Lôla* – é de certo modo o *leitmotiv*, o personagem central do *Estação Paraíso*, e que, por ser Lola, é também Olga, Elisa, Heleny, Helenira e Ísis. É Soledad, Alceri, e é Pauline. É Iara e é Maria Lúcia. É Ana Rosa também. É Margarida Alves e Dorcelina. É Roseli Nunes e tantas outras e todas enfim.

São Paulo, novembro de 2007

REFLEXÃO POÉTICA

Jorge de Almeida

Não é preciso ter lido Proust para, com o passar dos anos, perceber o quanto algumas conversas permanecem vívidas na lembrança, não apenas por seu interesse e conteúdo, mas principalmente pelas imagens que um dia evocaram, e que mesmo depois de tanto tempo ainda persistem como quadros mentais carregados de sentido e emoção. É dessa forma que me recordo de uma longa conversa com meu tio Alipio, em que ele contava ao jovem sobrinho o modo como, no presídio onde conheceu minha tia e entrou para a família, alguns colegas escreviam nas paredes úmidas, muitas vezes em letra propositadamente ilegível, os poemas que os ajudavam a sobreviver ao tempo desmedido e cruel do cárcere.

Anos depois conversamos sobre alguns daqueles poemas, e hoje fico feliz em saber que eles finalmente ganharam o papel que há muito mereciam. Pois este livro é antes de tudo uma reflexão poética sobre o tempo e suas marcas. Seu autor, "com a memória em 64 / os pés em 22 / a cabeça em 68", acredita que "a poesia rejuvenesce", e assim mostra ao leitor de hoje alguns momentos da vida de toda uma geração, marcada ao mesmo tempo pelo vigor da utopia e pela consciência da desilusão.

Nesse sentido, a experiência individual, aqui enunciada em versos, faz justiça a seu ideal político, pois dá voz a esperanças e desesperos coletivos. Em vários poemas se busca o difícil equilíbrio entre o imperativo da lembrança e a dificuldade de expressar o horror da tortura e do sofrimento. Como dar sentido à morte de Aurora e tantos outros jovens? Como permanecer fiel ao próprio passado, aos próprios sonhos? Como justificar o mundo ainda injusto, apesar e depois de tudo?

Em vez de argumentos, é na imagem poética, capaz de sublinhar a dor e as contradições, que o autor busca essas impossíveis respostas. A aurora que ainda não veio torna-se prenúncio, salvando na lembrança a Aurora que se perdeu; o poeta lê nos céus os sinais da nova sociedade, mas acredita que o destino está na palma de cada mão; compreende o suicídio do poeta, mas lembra que a luta continua. Enfrentando a encruzilhada dos tempos que se anunciam e denunciam, a poesia deste livro, "ressabiada", tem a coragem de olhar para o passado e o futuro, e ainda dizer: "Por que não?"

Berlim, novembro de 2007

CONTAS SOBRE A MESA

Luiz Alberto Sanz

O livro bom
é claro
e necessário
a vós,
a mim,
ao camponês
e ao operário.

Maiacóvsquii

Embarco e desembarco umas tantas vezes em *Estação Paraíso*. Por que não? Por que viajar direto, sem paradas ou baldeações?

É como voltar ao bairro paulistano onde vivi entre o amor e a angústia. O metrô não era mais que um grande buraco no Jabaquara; não chegara às ruas e praças pelas quais caminhávamos, clandestinos, eu e Odila, saindo ou voltando para o quarto alugado de Don'Ana, numa ruela atrás da Catedral Ortodoxa. Jovens, usávamos outros nomes, e já amávamos teatro, cinema, poesias e os doces e salgados árabes vendidos logo ali, na rua Vergueiro. As poesias, líamos em voz alta, criadas para os ouvidos e não para os olhos. Os doces, na maior parte das vezes, apenas contemplávamos, haja vista os bolsos vazios.

Cada verso de *Estação Paraíso* estimula, em mim, adormecidas lembranças; desvela imagens recorrentes. Acerto de contas. Mexer com a memória (caleidoscópio, mosaico em transformação) implica reescrever a história, recontar, assumir dores e prazeres arquivados no inconsciente.

Nossas histórias não são as mesmas. Não compartilham, propriamente, as três unidades narrativas tradicionais: de tempo, lugar e ação. Mas nos cruzamos no espaço-tempo. Militamos na resistência armada em São Paulo – final dos 1960, começo dos anos 1970; estivemos presos na Oban da rua Tutóia e no presídio Tiradentes; amigos e companheiros de um são amigos e companheiros do outro. No entanto, NUNCA nos encontramos. Foi no "éter" – como se dizia quando comecei a ouvir e, depois, fazer Rádio – que viramos amigos. Na Internet nos apresentamos um ao outro e construímos mútuas admiração e camaradagem, alimentadas por características comuns: desejo de mudar o mundo, clareza de propósitos e amor pela poesia (ele, poeta; eu, leitor).

Estação Paraíso começa com um problema e sua solução, nos versos de "Pour Marx":

> O romantismo socialista
> propõe suas premissas
> (...)
> Ressabiada
> a poesia declina qualquer parceria.

Isto pode não ser inteiramente verdade, pois as verdades não são absolutas e Alipio não é um poeta profissional, daqueles que submetem a emoção à razão e controlam sentimentos em nome da boa técnica. Mas, em busca da síntese forma-conteúdo, aprende com o comunista Vladimir Maiacóvsquii assim como com o fascista Ezra Pound. Com o primeiro, *junta na sala do cérebro as fileiras das inumeráveis bem-amadas;*[1] com o segundo, escreve *poesia-para a tribo*; com ambos, mantém o límpido propósito de declinar parcerias não solicitadas, dispensar as encomendas, ser ele mesmo, libertar vocábulos e frases como harmônicas vibrações de nervos e neurônios.

Leio seus versos em alta voz e parece que ouço o neurocientista português António Damásio (aquele mesmo que contestou o erro de Descartes e afirmou: *Existo, logo penso*).[2] Ele talvez dissesse que a poesia de Alipio é *sentimento tornado consciente*. À sua falta, eu digo, identificando-a com o terceiro estágio do *continuum* por ele apontado:

> um estado de emoção, que pode ser desencadeado e executado inconscientemente; um estado de sentimento, que pode ser representado inconscientemente, e um estado de sentimento tornado consciente, isto é, que é conhecido pelo organismo que está tendo emoção e sentimento.[3]

---

1. *A flauta vertebrada* (dedicado a Lila Brik), recolhido em http://www.naoser.hpg.ig.com.br/decabec.htm.
2. Cf. DAMÁSIO, A. *O erro de Descartes*. São Paulo: Companhia das Letras, 2000.
3. Idem. *O mistério da consciência*. São Paulo: Companhia das Letras, 2004, 5ª reimpressão, p. 56-58

Só que as parcerias declinadas são com ele mesmo, com suas memórias, amores, razões, emoções, pensamentos e sentimentos. O poeta Alípio não é uma ilha; é combatente que expressa na melodia das palavras as lembranças da primeira fase de sua permanente travessia. Acerta contas, para liberar a força revolucionária que se concentra na poesia da maturidade (quem sabe, o próximo livro?). Bem no começo, antes de o trem chegar à estação, apresenta-nos, simples e elegantemente, uma mulher que se torna símbolo inesquecível de nossa condição de caminhantes (e traz à memória Antonio Machado e a clara noção de que o caminho se faz ao andar):

> Conheci Rita
> na cadeia
> ela cruzava pátios
> para receber visita
> [...]
> Depois casei com Rita.

Futuramente, no ainda inédito *Das Brumas de Alcácer-Quibir* — transitando do memorialismo realista para o imaginário mítico — Alípio nos diz:

> Despertei acorrentado no cume do Ararat
> cercado de abutres que disputavam o meu fígado
> e se ainda tive forças para prosseguir
> devo ao lume da obstinação

Nesse próximo livro, Alipio percorre e visita mitos fundadores de nossa cultura, funde-os e os transforma. Encadeia a refundação da humanidade, no monte Ararat depois do dilúvio, ao nascimento da ciência pelas mãos de Prometeu, que ensinou o fogo aos homens e, por isso, foi acorrentado pelos deuses às montanhas do Cáucaso, onde os abutres deveriam devorar eternamente seu fígado. Tão vigorosa, refinada e mítica poesia não seria possível, penso, sem o presente acerto de contas, sem a parada na *Estação Paraíso*, sem o aprendizado do uso cortante das palavras.

Alipio atravessa as brumas de Alcácer-Quibir por ser capaz de vencer a ainda presente obscuridade do matadouro da rua Tutóia, o confinamento no Tiradentes, as decepções e o ceticismo com que nos defrontamos na luta cotidiana, a imagem dilacerante da violência:

> Xeque-mate à rainha.
> Lola coroada
> – com o torniquete.
> Olhos saltados
> – sem espanto
> Rosa vermelha no peito
> – plantada a bala.

E o faz com a habilidade de um cirurgião. Mesmo suspirando de dor,

> Ah, meu camarada,
> como dói a vida!

goza os prazeres do mundo — pois *A Terra prossegue girando. Polifônica.* — no sonho de um futuro justo sob as luzes do *Sete-estrelo*:

> Tem até o trenzinho caipira
> e o bonde da nossa infância

transportando todas as possibilidades de sonhos e querenças
transitando por quermesses ingênuas
cujas prendas têm o sabor dos doces
que nossas mães prepararam para alimentar nossas alegrias.

A lembrança de Lola, recorrente, em versos curtos e secos, nos nega a catarse. O poeta não assume a dor por nós. A dele dói fundo. Parece dizer: sintam as suas dores, todos têm suas Lola, Heleny, Iara, Olga, Soledad, Paula... Todos podemos dizer algo parecido:

Quando telefonava
clandestina
para encontros
clandestinos
identificava-se
Luiza Porto
Lola era afável
[...]
até que um dia
não ligou nunca mais.
Acabou a poesia.

Não, a poesia de Lola segue com Alipio. E o nome escolhido por Aurora Maria Nascimento Furtado para falar ao telefone pode ter origem nesse inconsciente coletivo que nos aponta rumos não sonhados. O germânico antigo dá a Luiza o significado de *guerreira famosa*. Ao mesmo tempo, Aurora é, de nascença, xará do encouraçado que serviu aos marinheiros de Kronstadt na batalha decisiva em São Petersburgo, contribuindo para a vitória dos sovietes no outubro vermelho de 1917. Aurora/Luiza, famosa guerreira do alvorecer, tem sua existência lembrada por um poeta andarilho e incansável combatente

> Com a memória em 64
> os pés em 22
> a cabeça em 68
> e o coração sem tempo.

A poesia absorve e torna vida o ritmo de Marabá, a flor no peito de Aurora, o tiro solitário no coração de Maiacóvsquii. Por que não?

Rio de Janeiro, novembro de 2007

ARMA ALBAMQUE CANO

32   ESTAÇÃO PARAÍSO

POUR MARX

O romantismo socialista
propõe suas premissas

O bon-ouvrier
A colheita de batatas
O pastoreio de porcos

Ressabiada
a poesia declina qualquer parceria.

34   ESTAÇÃO PARAÍSO

EZRA CAMPOS

Poesia-poesia
é
poesia-para
a tribo

38 ESTAÇÃO PARAÍSO

JUVENTUDE

Conheci Rita
na cadeia
ela cruzava pátios
para receber visita
junto com o irmão
e o então marido
que estávamos no Recolhimento de Presos Tiradentes.
Depois casei com Rita.

40   ESTAÇÃO PARAÍSO

CROMO E NOTA DE PÉ DE PÁGINA

O céu é de um azul tão transparente
e alto e puro e limpo
que os flocos de nuvens
não temem brincar de carneirinhos
travessos e pacíficos
apascentados pela brisa suave
cavalgando os raios
do mais dourado sol de primavera.

Quando este cessa
concluindo o ciclo do dia
é a vez da lua de prata
cheia ou apenas sorridente
reinar entre as estrelas
E a Via Lactea dança para todos nós
sua dança noturna
desvendando seus sete véus
para pasmo do Sete Estrelos
e júbilo da mecânica celeste.

Cá em baixo
oceanos de turmalinas
enseadas de águas-marinhas
habitados por todas as espécies do mar
plantas e animais
do tempo em que os bichos falavam
contando estórias de príncipes e princesas
das sereias e da Mãe d'Água.

42   ESTAÇÃO PARAÍSO

Depois são as areias
brilhando ouro ao sol
brilhando prata à lua.

Em seguida
as terras propriamente ditas
jardins das delícias com aléias cravejadas de brilhantes.

Há também as florestas com suas feras mansas
corolas de flores beijadas por borboletas
frutas maduras a enternecer pássaros
vôos rasantes de libélulas sobre rios e lagos.

Por todos os lados
horizontes
amplos, infinitos, apaziguantes.

O bicho homem constrói suas casas
suas máquinas, suas vidas
em perfeita harmonia entre si
e com a natureza
Reconciliados.

As crianças de todas as raças
são coradas e sadias
todos os adultos são seus pais e mães
e o saber e a inteligência
são repartidos igualmente
como o pão e o vinho
o leite e o mel.

ESTAÇÃO PARAÍSO

Há sobretudo uma alegria imensa
uma liberdade infinita
e o amor e a paixão são acessíveis a todos
(sem discriminação de raça, sexo, credo ou estado civil).

Tem até o trenzinho caipira
e o bonde da nossa infância
transportando todas as possibilidades de sonhos e querenças
transitando por quermesses ingênuas
cujas prendas têm o sabor dos doces
que nossas mães prepararam para alimentar nossas alegrias.

Ah, meu camarada,
como dói a vida!

48   ESTAÇÃO PARAÍSO

VILA DA BARCA

Para Renato Tapajós

Esse teu filme eu não vi
mas vi
      vi contigo
aquele em que assassinam a Aurora
Em nome da Segurança Nacional.

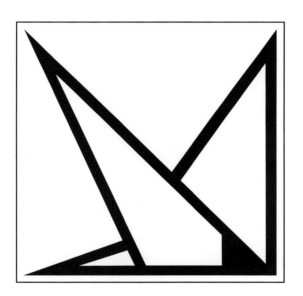

52   ESTAÇÃO PARAÍSO

1972 – FRAGMENTO

Para Rosalva – a Zazá,
que me contou alguns fragmentos
desta história.

Para Aurora – a Lola,
in memoriam.

I

Mudar o jogo
Novos métodos
Novas táticas
Novos lances

Virar a mesa
Ganhar a guerra

O aparelho
O treinamento

Em pleno sítio
Zazá e Lola jogam

Nova estratégia.

Xadrez

xeque à rainha
xeque-mate.

54   ESTAÇÃO PARAÍSO

II

Movendo peças
Zazá e Lola conversam

em torno do tabuleiro
sobre a luta.

56　ESTAÇÃO PARAÍSO

III

A Lua está cheia.
Plena.

A Terra prossegue girando.
Polifônica.

58   ESTAÇÃO PARAÍSO

IV

Dois pequenos vaga-lumes
sinalizam lanternas.
Diálogos com as estrelas.

Dois grilos
cochicham cricris.
Conspiração na noite.

No mato.

No charco
sapos, rãs e jias batraqueiam.

E os que se arrastam
tramam em silêncio mortes hediondas
Venenos cujos guizos e sirenes anunciam.

60   ESTAÇÃO PARAÍSO

V

No tabuleiro
cercadas pela noite
duas rainhas se movem.
Com cautela.

62   ESTAÇÃO PARAÍSO

VI

Os grilos se perguntam dos caminhos.
Descaminhos.

Os vaga-lumes denunciam a escuridão.

A lua cheia alerta.
O minguante
A lua nova.

Prenúncios.

64   ESTAÇÃO PARAÍSO

VII

Os que se arrastam
e os que têm o sangue frio
não prenunciam

nada
são.

66   ESTAÇÃO PARAÍSO

VIII

Xeque-mate à rainha.

Lola coroada
– com o torniquete.
Olhos saltados
– sem espanto
Rosa vermelha no peito
– plantada a bala.

68   ESTAÇÃO PARAÍSO

IX

Rosa
Alva
Alba
Aurora
do socialismo

Assim tão distante ...?!

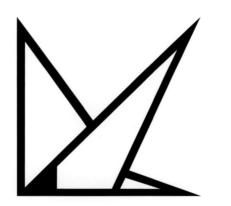

72   ESTAÇÃO PARAÍSO

PRENÚNCIOS DE AURORA

I

Aurora
eu te diviso
ainda tímida
inexperiente

das luzes
que vais acender

dos bens
que repartirás
com todos os homens

– Prenunciou o poeta gauche
em seu sentimento do mundo

Antes
muito antes
de nascer
Aurora.

74   ESTAÇÃO PARAÍSO

II

Quando telefonava
clandestina
para encontros
clandestinos
identificava-se

Luíza Porto

Lola era afável

posto que estrábica
muito levemente estrábica
atirava bem
Muito bem

até que um dia
não ligou nunca mais.

Acabou a poesia.

76   ESTAÇÃO PARAÍSO

III

Há que
haver sobrado
alguma poesia

Há que
haver
pelo menos
a certeza poética
emblemática
de que
a luta continua

E há que
haver a aceitação
dessa certeza

porque não posso
sozinho
dinamitar a ilha de Manhattan

e construir uma nova

Aurora

78 ESTAÇÃO PARAÍSO

IV

Garimpo solitário
a cada treva

o universo
e suas leis
os céus
e suas dinâmicas
o ar
e seus fogos
a terra
e suas águas

Depuro
elemento
por elemento

Estou quase cego dessa mineração
Mas ainda posso saber
Mas ainda posso alcançar

Só não acredito
em desígnios
de deuses

Minha Aurora
tem um desenho humano
traçado por mestres
de obras

Mas as palavras exatas
ainda fogem à minha bateia.

80   ESTAÇÃO PARAÍSO

V

Aurora
Maria

Nascimento Furtado

– Lola

82   ESTAÇÃO PARAÍSO

VI

Que saudades
que tenho

Da Aurora

Da minha vida

que Auroras
que Sol
que Vida
que nada.

84   ESTAÇÃO PARAÍSO

VII

Eles assassinaram a Aurora

Restou ao dia amanhecer
            solitário
        em ruptura
            radical

Havemos de amanhecer

O mundo se tingirá
E o sangue que escorrer será doce
de tão necessário
para colorir tuas pálidas faces
Aurora.

88   ESTAÇÃO PARAÍSO

MARABÁ

I
A idealização

Tam	Tam	Tam	Tam	Tam
Tam	Tam	Tam	Tam	Tam
Tam	Tam	Tam	Tam	Tam
Tam	Tam	Tam	Tam	Tam

˘	—	˘	˘	—
˘	—	˘	˘	—
˘	—	˘	˘	—
por	qu'és	Ma	ra	bá

90   ESTAÇÃO PARAÍSO

II
A nova batida

De Marabá ficou o ritmo do
ra   ta   ta   ta
˘   ˘   ˘   —

dos milicos dizimando os ragazzi da guerrilha
que amavam Beatles e Rolling Stones.

E eu os amava.

92   ESTAÇÃO PARAÍSO

III
Agiornamento de uma velha berceuse

˘	—	˘	˘	—
não	ve	nhas	mais	cá
que as	mães	dos	me	ninos
te	man	dam	ma	tar
Tam	Tam	Ma	ra	bá

˘	—	˘	˘	—
˘	—	˘	˘	—
˘	—	˘	˘	—

96   ESTAÇÃO PARAÍSO

UNIVERSIDADE EM CRISE

Le marxisme est mort!
Vive le marxisme.

100 ESTAÇÃO PARAÍSO

STARDUST

Camaradas,

o socialismo avança
Inexorável
Avassalador
Intergalático

Camaradas,
o socialismo avança!

Ainda ontem à noite
eu percebi tudo
todo esse movimento.
Lá do observatório,
percebi tudo.

Já na Estrela Vega
bandeiras vermelhas tremulam
tingindo de rubro seu cintilar.

E é tão bonita essa música!

Ora, direis
– ouvir estrelas?

Sim, camaradas,
ouvir estrelas.

Alguns já sabem disso.

Ainda outro dia,
uma de nome Zezé

102 ESTAÇÃO PARAÍSO

e duas outras
que atendem por Martha e Jô
cochichavam pelos cantos
tal ciência adventícia.

Não sei bem se estiveram lá no observatório
se a notícia se espalhou
ou era intuição feminina.
O fato é que elas têm essa informação.

Sim.

De outra feita
– e não faz muito –
comentários a respeito
ouvi num trem de subúrbio.
E não eram estrelas,
camaradas,
não eram estrelas.

Era uma gente mal vestida
sem brilho aparente
ou paralaxe
e pela sintaxe
desprovidas de maior ciência ou ilustração
que não a vida cotidiana.

Sei, sei disso.
Falsos profetas e demiurgos
(ah, como eu odeio os deuses!)
andam pelas praças
palanques, tribunas e púlpitos
– assim como falsos poetas –
apregoando o contrário.

104 ESTAÇÃO PARAÍSO

Mas não lhes dêem ouvidos,
camaradas,
não lhes dêem ouvidos.

Vocês já ouviram a melodia
do tilintar dos anéis de Saturno?
Detenham-se um pouco ...

E o sol levantando-se pela manhã
em sol maior
no horizonte ...
"Questa matina ...

Mais que isto, camaradas,
não percebestes?

Ao romper da aurora
um vento frio impregnava o tempo
gélido.
Também um sinal.
E é preciso ler os sinais.
Decifrá-los.
Decodificá-los,
camaradas!

A neve esta manhã começava a cair
e os porcos se recolheram a seu palácio
onde as lareiras crepitam fogo.

Não acredito, camaradas,
não acredito que vossos corações tenham congelado
e vossos cérebros mofado!

Olhai, bem ali na frente,
em vossa frente.

106 ESTAÇÃO PARAÍSO

Não é difícil distinguir
meio à neve fria:
são suas torres
suas colunas
escadarias.

O frio da aurora anunciou
E a neve apenas confirma
notícias dos ventos
Camaradas,
é o Palácio de Inverno.
É ele.

Detende-vos um pouco
Ouvi as estrelas
e esta música
Acreditai na aurora.

Estou certo,
camaradas,
estou convicto:
o socialismo avança!

E está quase ao alcance de nossas mãos ...

Ouvi as estrelas
e proclamai bem alto
– em desafio –
que a Via Lactea é uma imensa bandeira vermelha
desfraldada pelo seio da Terra
em seu eterno movimento!

Apesar de todas as nossas misérias ...

Eppur se muove!

110 ESTAÇÃO PARAÍSO

MAIAKOVSKI REVISITADO

O poeta se suicidou
e deixou um bilhete:
A LUTA CONTINUA.

Explodira a velha ordem.
A nova poderia ser o coração do poeta.
E não foi.

O poeta escreveu num bilhete
A LUTA CONTINUA
e o coração explodiu.

O poeta suicidou-se amanhã.

112   ESTAÇÃO PARAÍSO

EM CADA MÃO

A sorte está lançada

O destino foi tomado
o destino está guardado
o destino é construído
o destino é carregado

na palma de cada mão.

116   ESTAÇÃO PARAÍSO

31 DE MARÇO DE 1992

O velho anota
no metrô
seu poema
velho
da vitória
do que houve
de mais velho
quando era
demais jovem.

Ninguém
além do velho
se interessa
por seu poema
Antiquado

Sem rima
e sem metro.

O velho do metrô
usa óculos e bigodes
e nos pés
um par de tênis
Surrados

Sem laço
e sem cadarço.

118   ESTAÇÃO PARAÍSO

Com a memória em 64
os pés em 22
a cabeça em 68
e o coração sem tempo
o velho anota
seu poema

Datado.

Mulheres de todas as idades
entram e saem do metrô
do mesmo modo como o fizeram
na vida do velho

Pernas verdes amarelas azuis e brancas
Pernas vermelhas
– Para que tanta perna, meu deus?! –
considera o velho.

Mas as pernas passam
as mulheres passam
os amores passam
a vida passa.
Tudo na vida passa.
E envelhece.

Rejuvenescido pela poesia que passa
o velho sorri um sorriso ateu
ciente de que o metrô
não é O Trem d'A História
e de que deus não existe.

120 ESTAÇÃO PARAÍSO

Assim, desembarca no Paraíso.

O velho sorri solitário
e despojado de expectativas

No metrô
Na gare
Na vida.

O velho deixa a estação
mergulha na chuva fina da noite
declina qualquer autoenternecimento ou comiseração
pública
faz xixi na árvore da esquina
e prossegue em direção ao vazio
assobiando uma velha melodia

Por que não?

Notícias sobre Aurora

Lola (Aurora Maria Nascimento Furtado) nasceu em São Paulo-SP, em 13 de junho de 1946. Estudou no Fernão Dias, escola pública no bairro de Pinheiros. Trabalhou desde muito cedo, lecionando. O Ato Institucional número 5 (AI-5) de 13 de dezembro de 1968, iria encontrá-la na condição de funcionária do Banco do Brasil (agência Brás), cursando Psicologia na Universidade de São Paulo – USP, e militando na Dissidência do Partido Comunista Brasileiro em São Paulo – DI-SP, que daria origem à Ação Libertadora Nacional – ALN.

Pouco depois do AI-5, Lola iria para a clandestinidade, fazendo o mesmo percurso de milhares de outros militantes.

Presa em 9 de novembro de 1972, na Parada de Lucas (RJ), durante uma batida policial, foi submetida a diversos tipos de torturas. Por fim, seus sicários lhe aplicaram a "coroa-de-cristo", aro de metal que, colocado em torno da testa e parte posterior da cabeça, vai sendo apertado por torniquete, esmagando aos poucos o crânio do supliciado, e provocando sua morte.

Lola morreria no dia seguinte (10 de novembro), 20 horas após sua prisão. Já depois de morta, seu corpo foi crivado por 29 tiros disparados à queima-roupa.

O escritor e cineasta Renato Tapajós, inspirou-se na história de Lola para a construção do personagem central do seu livro Em Câmara Lenta, publicado em 1977 pela editora Alfa Ômega.

Em 2002, por iniciativa da professora Ecléa Bosi e um grupo de alunos, uma das salas da Faculdade de Psicologia da USP passou a ter o nome de Sala Aurora Maria Nascimento Furtado.

Por iniciativa de um conjunto de entidades de defesa dos Direitos Humanos, na cidade do Rio de Janeiro, uma das ruas do bairro do Bangu leva também o seu nome.

Sobre Lola (Aurora Maria Nascimento Furtado), ver:

Dossiê dos Mortos e Desaparecidos Políticos a Partir de 1964. Comissão de Familiares de Mortos e Desaparecidos Políticos et alii, Recife: Companhia Editora de Pernambuco, 1995. p. 140-1

Miranda, Nilmário e Tibúrcio, Carlos. *Dos filhos deste solo*: mortos e desaparecidos durante a ditadura militar: a responsabilidade do Estado. São Paulo: Boitempo Editorial,1999. p 91-3.

Direito à memória e à verdade: Comissão Especial sobre Mortos e Desaparecidos Políticos. Comissão Especial sobre Mortos e Desaparecidos Políticos. Brasília: Secretaria Especial dois Direitos Humanos, 2007. p. 317-9.

FOTO: RENATO TAPAJÓS